Marianne Merz

Techniken mit Wachskreiden
Lernbereich Farbe

Unterrichtshilfen für Bildende Kunst

Impressum

Vollständig überarbeitete Auflage 2008
© ALS-Verlag GmbH, Dietzenbach 1986

Herausgeber: Kreide, Dietzenbach
Idee, Text und Gesamtkonzept: Marianne Merz, Mannheim
Satz, Repro und Druck: ALS-Verlag GmbH, Dietzenbach
Bestell-Nr. 29.712 – ALS-Studio-Reihe 712
ISBN 978-3-921366-64-6

Bibliografische Information der Deutschen Nationalbibliothek
Die Deutsche Nationalbibliothek verzeichnet diese Publikation in der
Deutschen Nationalbibliografie; detaillierte bibliografische Daten sind im
Internet über <http://dnb.d-nb.de> abrufbar.

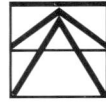

Allgemeiner Lehrer-Service
ALS-Verlag GmbH
Postfach 14 40
63114 Dietzenbach

Tel.: 0 60 74/82 16-0
Fax: 0 60 74/82 16-75
E-Mail: info@als-verlag.de
www.als-verlag.de

Einleitung

„Farbe ist Balsam für die Seele", wie wahr!
Was wäre unsere Welt in Schwarz und Grau!

Um den Schülern Spaß am Unterricht und Freude an den Farben und deren Anwendung zu bieten sowie den Lehrern Möglichkeiten und Anregungen für einen abwechslungsreichen und vielfältigen Unterricht mit Wachskreiden zu geben, entstand dieser 6. Band der Reihe **„Unterrichtshilfen für Bildende Kunst"** in der Grundschule. Dem Grundgedanken dieser Reihe folgend sind auch in diesem Band die Aufgaben Bestandteil des Lehrplans und zwar im Arbeitsbereich **„Farbe"**, insbesondere **„Farbige Mittel erproben"**.
Verwendet werden drei verschiedene Fabrikate „Wachskreiden"

- **JAXON-Pastell-Ölkreiden** (24 Farben) Es sind 24 Farben zu empfehlen, da durch eine breite Palette die Möglichkeiten der Farbfindungen vielfältiger sind.
  terpentinlöslich, weich und griffig, ein brauchbares, vielfarbiges Sortiment
- **DICKI-Wachsfarben** (16 Farben) mit echtem Bienenwachs, **terpentinlöslich**, sehr leuchtende Farben, etwas „härter" im Malen als Pastell-Ölkreiden, dicke, feste Stifte
  Bei JAXON-Pastell-Ölkreiden und DICKI-Wachsfarben können Striche und Krümel auf den Tischen mit Terpentin weggewischt werden. Außerdem sind Techniken möglich, bei denen die Kreiden mit Terpentin angelöst werden (Aufgabe 14 und 15) sowie Techniken mit wasserlöslicher Farbe (Aufgabe 5, 6 und 11), wobei die Wasserfarbe in kleinen, perlenden Tröpfchen auf den Wachsflächen stehenbleibt und nach dem Trocknen haftet.
- **PELIKAN-Wachsfarben** (10 Farben)
  wasserlöslich, hier sind Techniken mit Wasser oder wasserlöslicher Farbe möglich, wobei das Wasser die Farben anlöst (Aufgabe 8). Die Stifte sind mit verschiebbaren Griffhülsen versehen, um ein Abbrechen zu vermeiden. Das hat den Nachteil, dass man mit den Hülsen kein direktes Gefühl beim Farbauftrag hat. Auch regt ein Sortiment mit zehn oder weniger Farben (nur je ein gelber oder grüner Stift) die Kreativität nicht an, auch nicht mit den möglichen Mischfarben.
  Ein Vorteil liegt darin, dass Farbflecken und Striche mit Wasser entfernt werden können.

Geeignete Malgründe und Techniken

Geeignet sind prinzipiell alle festen, weißen und farbigen Papiere, Tapeten, Transparentpapiere etc.
Bei **Sgraffito-Techniken** (Aufgabe 4) muss kratzfestes Papier als Malgrund verwendet werden.
Es kann ferner auf Holz (Reststücke, Aufgabe 7), Glas, Kacheln (Aufgabe 13), Kunststoff, Metall, Gummi … gemalt werden. Mit Kunstglas haben wir schlechte Erfahrungen gemacht, weil die Farbe selbst nach Reinigung mit Spülmittel, Benzin und Terpentin nicht haften wollte.

Arbeiten auf Stoff für Kleidungsstücke oder Wandbehänge (Techniken mit Bügeleisen oder kochendem Wasser) eignen sich nicht für die Grundschule und große Klassen. Für Stoffmalerei und Stoffdruck gibt es Farben, die besser geeignet sind.

Die **Enkaustik-Technik** dagegen beeindruckt die Schüler sehr (Aufgabe 9 auf heißen Ostereiern und Aufgabe 13). Hierbei können alle Materialien als Malgrund verwendet werden, die in der heißen Sommerzeit von der Sonne oder in der übrigen Jahreszeit im Backofen aufgewärmt werden können.

Viel Freude macht den Schülern der **Wachsfarbendruck** mit sehr kleiner Druckfläche auf sehr feinen Geweben für Glückwunschkarten (Aufgabe 15).

Ohne Erfolg blieb der Versuch, Wachskreiden oder Kreidereste in Terpentin bzw. in Wasser vollständig aufzulösen. Es entstand keine homogene Paste.

Eigenschaften und Anwendung der Wachskreiden

Wachskreiden sind einfach und unkompliziert zu handhaben. Sie müssen leuchtend und dick auf der Malfläche stehen. Die Kreiden sollten mit dem „Pfötchengriff" (Beschreibung Aufgabe 1) gehalten werden, um ein Abbrechen zu vermeiden.

Mischfarben

Mischfarben kann man erzielen, indem helle Farben auf dunkle gemalt werden. Dunkle Farben auf helle gemalt, decken ab. Das hängt mit dem jeweiligen Anteil von Wachs bzw. Farbe zusammen.

Schaber

Der Schaber, der in vielfältiger Form und aus verschiedenen Materialien mit den Stiften geliefert wird, dient nicht zum Anspitzen der Stifte, sondern zum Schaben (Aufgabe 4). Er kann in der Regel dicke und dünne Linien und kleine Flächen, oft auch mehrere parallele Linien auf einmal ziehen.

Unterlage

Eine Unterlage aus Zeitungspapier sollte selbstverständlich wegen der entstehenden Wachskrümel verwendet werden. Eine weiche Unterlage (eine gefaltete Zeitung) erhöht die Freude am „softigen" Malen.

Terpentin

Die Verwendung von Balsam-Terpentin ist zu empfehlen.

Klassenstufen

Die Aufgaben sind bei entsprechender vorbereitender Einführung in allen Klassenstufen möglich. Die Stundenangaben beziehen sich auf die Zeiteinheiten einer Unterrichtsstunde von 45 Minuten.

Schülerbesprechung

Vorbesprechungen mit möglichst variablen kreativen Anregungen und Verdeutlichungen des Themas (Ein Schüler kann nur malen, was er weiß!) sind unbedingt nötig. Ebenso die Zwischen- und Nachbesprechungen, wobei oft erst dann „der Groschen fällt". Die Schüler sollten wissen, was sie gelernt haben, was für Erfahrungen sie mit Farbe, Thema und Technik gemacht haben und wie sie daheim weiterarbeiten können. (Weiterführende Themen und Anwendungen außerhalb der Schule: Einladungen, Karten, kleine Geschenke ...)

Selbstverständlich testet jeder Lehrer vorher die Aufgabe selbst mit dem in der Klasse zur Verwendung vorgesehenen Material. Nichts geht über eigene Erfahrungen! Mancher Fehlschlag kann vermieden werden.

Der Erfolg der vorangegangenen Bände der **„Unterrichtshilfen für Bildende Kunst"** in der Grundschule beweist die Richtigkeit des Konzepts und der Themenauswahl der Reihe und ermutigt Verlag und Verfasserin zur Weiterarbeit.

Zum Schluss der Einleitung bleibt mir noch, allen Schülern, Lehrern, Mentoren, Lehrbeauftragten und Lesern viel Freude bei der Verwendung dieses Bandes zu wünschen. Möge das Malen „Balsam für die Seele" sein!

Mit dieser aktualisierten Neuauflage von „Techniken mit Wachskreiden" freue ich mich über die rege Anwendung und Beliebtheit dieses Bandes 6 der Unterrichtshilfen für Bildende Kunst. Hier fließen ein: viele Jahre konzeptionelle Arbeit, Unterrichtsgestaltung und Ausführung sowie zahlreiche anregende Gespräche, Diskussionen und Erfahrungsaustausch mit Kollegen und Freunden.

Marianne Merz

Mannheim, im Januar 2008

Inhaltsverzeichnis

Aufgabe 1	**Salamander auf Blättern**	**3 Stunden/4. Klasse**

Arbeitsbereich	Farbe
Ziele nach Lehrplan	- Formen durch ähnliche Nachbarfarben verbergen - Formen unregelmäßig gruppieren
Lernziele	- Deckendes Malen mit Wachskreiden - Pfötchengriff - Unregelmäßige Gruppierung der Salamander und Blätter - Verwendung aller Grüntöne (5 Stifte) und einzelner anderer Farben
Thema	**Salamander auf Blättern**
Technik	**Deckendes Malen auf dunklem Grund** Kein Stückchen Papier darf sichtbar sein. Die Farben sollen leuchtend und dicht aufgetragen werden. Anwendung des **„Pfötchengriffs":** Kreide mit vier Fingern gleichzeitig packen — wie mit einem Pfötchen — nicht wie einen Füllfederhalter anfassen (Gefahr des Abbrechens).
Unterrichtsmittel	JAXON-Pastell-Ölkreiden (24 Stück), Tonpapier 36 x 25 cm, schwarz, Anschauungsmaterial, Zeitungspapier als Unterlage (wir konnten einen lebenden Salamander betrachten)
Stundenverlauf/ Sozialform	**Einführung in die Gestaltungsaufgabe** (Klassenverband) - Betrachten, Bestaunen des hellgelb und rabenschwarz leuchtenden Salamanders (Farben, Kopfform, Körper, Schwanz, Flecken, Beine und Zehen, Hals) - Hören, wie die Klasse zu dem Tier gekommen ist - Betrachten, Beschreiben einiger mitgebrachter, unterschiedlicher Blätter oder Zweige mit besonderem Hinweis auf die Differenzierung der Grüntöne und Blattformen **Gestaltungsaufgabe** (Einzelarbeit) - Die Schüler gestalten mehrere Salamander, unregelmäßig auf dem Blatt verteilt - Danach werden verschiedene Blattformen neben- und übereinander mit verschiedenen grünen Wachsstiften vorgezeichnet und ausgemalt
Lernzielkontrolle	Lob für viel Geduld, viele Salamander, viele grüne Blätter. Schaut das schwarze Papier noch durch? Können wir es ändern? Wem ist ein Stift abgebrochen? Sind alle Salamander gut versteckt? Vergleich der Verteilung der Tiere. Vergleich der Blattformen. Alle Grüntöne verwendet? Welche Farben zusätzlich?
Ergänzendes und Fächerübergreifendes	Grundkurs Deckfarben (29.704), Aufgabe 6, 7, 11: Mischen mit Deckfarben Bildbetrachtung 1 (29.710), Aufgabe 3a, 3b: Bildbetrachtung und Collage Heimat- und Sachunterricht: Salamander

Salamander auf Blättern, 36 x 25 cm
Deckendes Malen mit Wachskreiden

Arbeitsbereich	Farbe
Ziel nach Lehrplan	Gemischte Farben kennenlernen, fantasievoll anwenden und bezeichnen
Lernziele	- Umgang und Mischen mit Wachskreiden - Erproben und Erkennen, dass Weiß auf roten Tönen Rosa ergibt und helle Kreiden sich auf dunklen Farben mischen; dunkle Farben decken helle ab - Mischen von vielen verschiedenen rosa Tönen
Thema	**Jedes Schweinchen wollte die schönste rosa Farbe haben**
Technik	**Wachskreiden mischen** In den hellen Farbstiften ist der Wachsanteil geringer und der Anteil an Farbpigmenten größer, deshalb mischen sich helle auf dunklen Wachskreiden. **Dunkle** Kreiden decken **helle** Kreiden ab. Erinnern: mit dem Pfötchengriff (Aufgabe 1) arbeiten, die Stifte brechen dann nicht so leicht ab.
Unterrichtsmittel	JAXON-Pastell-Ölkreiden (24 Stück), Pergamentpapier DIN A4: fest, Zeitungspapier als Unterlage
Stundenverlauf/ Sozialform	**Einführung in die Gestaltungsaufgabe** - Erprobungsphase: „Probiert aus, was passiert, wenn ihr Weiß auf Rot malt und wenn ihr Dunkelblau oder Schwarz auf Rot malt. Mischt viele verschiedene rosa Töne." - Vergleich der Ergebnisse und Feststellung: Weiß auf verschiedenen roten Tönen ergibt verschiedene rosa Farben. Dunkelblau überdeckt helles Rot - Im Kreisgespräch dient die Geschichte von den vielen Schweinchen, die alle die schönste rosa Farbe haben wollten, als Einstieg. Erst die Muttersau konnte schließlich Frieden stiften, indem sie versicherte, dass sie alle gleich schön seien und dass sie alle Ferkelchen gleich lieb habe **Gestaltungsaufgabe** - In Einzelarbeit malen die Schüler in deckender Malweise die Muttersau und viele, viele verschiedene rosa Schweinchen
Lernzielkontrolle	Lob für so viele Ferkelchen und gemeinsames Betrachten der Arbeiten. Vergleich der gefundenen rosa Farben. Benennen und Beschreiben der Töne und Mischungen (orangerosa, erdbeerrosa, mehr hell als dunkel, eher matt als leuchtend, …). Erfahrungsaustausch über das Mischen
Ergänzendes und Fächerübergreifendes	Weitere Themen mit anderen Farben als Mischübung Grundkurs Deckfarben (29.704), Aufgabe 13, 14, 15: Mischen mit Deckfarben Dreidimensionales Gestalten (29.709), Aufgabe 15: Sparschwein aus Ton Schweineherde aus Papier falten Heimat- und Sachunterricht: Das Hausschwein Deutschunterricht: Der Schweinehirt (Lesen, Vortrag, Spiel)

Jedes Schweinchen wollte die schönste rosa Farbe haben, DIN A4
Mischen mit Wachskreiden

Arbeitsbereich	Bildende Kunst (BK): Farbe Textiles Werken (TW): Knoten
Ziele nach Lehrplan	BK: - Darstellen einer Figur aus dem Erlebnisbereich des Schülers TW: - Textiles Material verändern - Erlernen von Knoten
Lernziele	- Deckendes Malen - Anordnen der Pumuckl-Figur auf kreisrunder Fläche - Lernen und Beherrschen des Smyrna-Knotens - Aufdröseln des Makrameegarns
Thema	**Pumuckl**

Technik

Fächerübergreifend
BK: **Wachskreiden**   Auftrag: dicht und leuchtend
TW: **Smyrna-Knoten**   Smyrna-Technik: eine Teppichknüpfarbeit, bei der mit einer Häkelnadel
                              Schlingen in ein Stramingewebe (Canvas) eingeknotet werden

Smyrna-Knoten

An das lange Stück Makrameegarn, das an einer Seite mit einem einfachen Schlaufenknoten begrenzt wird, werden die kurzen Makrameefäden in Smyrna-Technik mit der Hand angeknotet. Die Knoten werden in eine Richtung ausgerichtet, eng zusammengeschoben und aufgedröselt. Die Länge der aufgereihten Knoten richtet sich nach der Größe des Kopfumfangs (von Ohr zu Ohr). Am Ende wieder mit einem einfachen Knoten schließen.

Unterrichtsmittel

DICKI-Wachsfarben (16 Stück), Papier: fest, hell, Kreisformat 20 cm Durchmesser, Zeitungspapier als Unterlage, Makrameegarn: 1 Stück zum Anknoten 20 cm lang, 12–18 Stück als Smyrnaknoten 14 cm lang, Scheren

Stundenverlauf/ Sozialform

Motivation
- eine Geschichte von Pumuckl
Gestaltungsaufgabe
- In den Papierkreis mit Kopf, Händen und Beinen am Rand anstoßend, den Pumuckl in dichtem, leuchtendem Farbauftrag ohne Haare malen
- Erlernen, Beschreiben des Smyrna-Knotens
- 12–18 Fäden an den langen, mit Knoten begrenzten Faden knüpfen (auf Vorder- und Rückseite achten), ausrichten, zusammenschieben, Länge kürzen (von Ohr zu Ohr), Begrenzungsknoten, aufkleben, aufdröseln

Lernzielkontrolle

Vergleich der Pumuckl. Loben. Deckend gemalt? Richtig im Kreis angeordnet? Stoßen Hände und Füße außen an? Ist der Kopf zu weit innen oder zu weit außen? Sind die Knoten alle auf der Vorderseite? Sind sie gleichmäßig und festgeknotet? Ist das Aufdröseln überall gelungen?

Ergänzendes und Fächerübergreifendes

Doppelknoten – Kreuzknoten – Zauberknoten – einseitiger, doppelter Flachknoten, … – einfache Knotenflächen Deutschunterricht: Spiele und Geschichten vom Pumuckl

Pumuckl, Ø 20 cm
Wachskreiden und Knoten

Aufgabe 4   Der leuchtende Fisch   3–4 Stunden/3. Klasse

Arbeitsbereich	Farbe, Grafik
Ziele nach Lehrplan	- Experimentieren mit Wachskreide und Schaber - Leuchtende Farben in dunkler Umgebung
Lernziele	- Erlernen der Wachs-Sgraffito-Technik - Ausschaben eines leuchtenden formatfüllenden Fisches, wobei die Möglichkeiten des Schabers ausprobiert werden sollen
Thema	**Der leuchtende Fisch**
Technik	**Sgraffito** Auf festes Papier wird formatfüllend eine geschlossene Wachsschicht fleckenweise in hellen, leuchtenden Farben gemalt. Diese Schicht wird vollkommen mit dem schwarzen Stift abgedeckt. Die Form und die Ornamente werden mit dem Schaber ausgekratzt. Beim Ausschaben der Muster entstehen kleine Wachsreste, die zur Vermeidung von Bodenverschmutzung auf der Zeitung bleiben sollten. **Schaber** Der Schaber kann dünne und breite Linien, Flächen und auch gleichzeitig mehrere Linien parallel herausarbeiten. Schaber liegen den Farbkästen in verschiedenen Ausführungen bei und sind nicht zum Anspitzen gedacht.
Unterrichtsmittel	DICKI-Wachsfarben (16 Stück), **terpentinlöslich**, Zeichenpapier 15 x 22 cm: fest, weiß, Schaber, Paul Klee: „Goldfisch", Klett-Galerie, Zeitungspapier als Unterlage

Stundenverlauf/ Sozialform	**Einführung in die Gestaltungsaufgabe** (im Klassenverband)
	- Erklären der Technik
	  a) Eine geschlossene, leuchtende, fleckhafte Wachsfarbenfläche erarbeiten
	  b) Auf diese Fläche eine geschlossene Wachsfarbenschicht mit der schwarzen Ölkreide anlegen
	  c) Mit dem Schaber einen leuchtenden Fisch mit vielen Mustern und Ornamenten erarbeiten. Alle Möglichkeiten des Schabers anwenden. Es gibt Querstreifen, Längsstreifen, fellartige Muster, Punkte, Flecken, Barteln (dienen zum Tasten), Rückenflossen, Brustflossen, Schwanzflossen, Kiemen, Bauch, Augen etc.
	Gestaltungsaufgabe (Einzelarbeit)
	- Erste farbige Schicht in einzelnen Flächen über das ganze Blatt anlegen
	- Zweite, dichte schwarze Schicht darüberlegen
	- Ausschaben der Fischform und der unterschiedlichen Muster

Lernzielkontrolle	Lob. Leuchtende Fische? Waren die beiden Wachsschichten vollkommen geschlossen? Ordentlich gekratzt? Verschmiert? Viele Muster und Formen für Fisch und Flossen gefunden? Beschreiben der Muster. Erfahrungsaustausch über die Technik (Vorteile, Nachteile, Spaß). Vergleich mit Paul Klee: „Goldfisch" – Bildbetrachtung
Ergänzendes und Fächerübergreifendes	Bildbetrachtung Paul Klee: „Goldfisch" Heimat- und Sachunterricht: Fische

Der leuchtende Fisch, 15 x 22 cm
Sgraffito-Technik mit Bildbetrachtung

Aufgabe 5	**Dörfchen im Schnee**	**2–3 Stunden/2. Klasse**

Arbeitsbereich

Farbe

Ziel nach Lehrplan

Farbige Mittel erproben

Lernziele

- Mischtechnik: Wachskreiden/Deckweiß
- Leuchtender, deckender Farbauftrag

Thema

Dörfchen im Schnee

Technik

Mischtechnik
Wachskreiden, **nicht wasserlöslich,** mit Deckweiß übermalt.
Das wasserlösliche, leicht mit Wasser verdünnte Deckweiß steht perlend auf der Wachsschicht, wodurch eine interessante Wirkung erzielt wird.

Unterrichtsmittel

DICKI-Wachsfarben (16 Stück), **nicht wasserlöslich,** Papier 30 x 21 cm: fest, weiß, Deckweiß, Pinsel Stärke 3 bis 10, Zeitungspapier als Unterlage

Stundenverlauf/ Sozialform

Motivation und Einführung in die Gestaltungsaufgabe
- Als Motivation sollte der erste Schnee genügen
- Überlegung im Klassenverband: was passiert, wenn Deckfarbe oder Deckweiß auf eine gemalte Wachsschicht kommt?
- Probeversuche
- Bekanntgabe des Themas und der Technik

Gestaltungsaufgabe
- In Einzelarbeit Entwerfen eines Dörfchens (Häuser, auch hintereinander geschichtet – zuerst die vorderen Häuser, dann die dahinterstehenden malen, Bäume ohne Laub, Zäune, ...) in dichtem, leuchtendem Farbauftrag, auch den Hintergrund gestalten (kein Stück Papier darf herausschauen)
- Dann mit dem Pinsel Deckweiß (Schnee und Schneeflocken) auftragen

Lernzielkontrolle

Lob für die leuchtenden Schneelandschaften.
Vergleich der Häuser. Bäume? Vergleich des Auftrags von Deckweiß (zu viel, zu wenig?)
Schneegestöber? An welchen Stellen ist der Schnee liegengeblieben?
Erfahrungsaustausch über die Technik

Ergänzendes und Fächerübergreifendes

Weitere Mischtechniken:
Aufgabe 6 (Seite 16): Wachskreiden mit Tusche
Aufgabe 8 (Seite 20): Wachskreiden mit Wasser
Aufgabe 10 (Seite 24): Wachskreiden mit Dispersionsfarbe
Aufgabe 14 (Seite 32), 15 (Seite 34): Wachskreiden mit Terpentin

Dörfchen im Schnee, DIN A4
Wachskreiden und Deckweiß

Arbeitsbereich	Farbe
Ziel nach Lehrplan	Farbige Mittel erproben
Lernziele	- Mischtechnik: Wachskreiden/Tusche - Formatfüllend arbeiten
Thema	**Blumen** (geeignet als Glückwunschkarte)
Technik	**Mischtechnik** Wachskreiden, **nicht wasserlöslich,** mit Tusche übermalt. Die schwarze Tusche wird mit einem breiten Pinsel ganz über das bemalte Bild gestrichen und sofort unter den Wasserhahn gehalten. Dort, wo noch Papier zu sehen war, ist die Fläche schwarz, auf den Wachsflächen bleiben Tuschereste stehen, was den Reiz dieser Technik ausmacht.
Unterrichtsmittel	JAXON-Pastell-Ölkreiden (24 Stück), **nicht wasserlöslich,** Zeichenpapier 27 x 16 cm: fest, weiß, Tusche, schwarz, breite Pinsel, Zeitungspapier als Unterlage, Waschbecken mit Fließwasser zum Abwaschen, unempfindliche Kleidung (Tusche lässt sich schlecht entfernen), Blumen zur Anschauung
Stundenverlauf/ Sozialform	**Motivation und Einführung in die Gestaltungsaufgabe** - Als Motivation werden im Klassenverband einige fertige Blumenbilder besprochen und die Technik geklärt - Anhand der mitgebrachten Blumen werden die vielfältigen Möglichkeiten der Blütenformen, Blattformen und Farben erarbeitet (Einteilung des schmalen Hochformats bedenken) **Gestaltungsaufgabe** - In Einzelarbeit malen die Schüler einige Blumen mit Blättern und Blüten im Hochformat, Hintergrund kann ausgemalt werden - Das ganze Bild wird mit schwarzer Tusche überstrichen, sofort unter den Wasserhahn gehalten und zum Trocknen auf Zeitungspapier gelegt
Lernzielkontrolle	Lob. Format gut eingeteilt? Wachsauftrag? Tuscheschicht? Vergleich der Blüten und Blattformen Erfahrungsaustausch über die Technik, weitere Anwendungen
Ergänzendes und Fächerübergreifendes	Weitere Mischtechniken Aufgabe 15 (Seite 34): Wachskreiden mit Terpentin

Blumen, 27 x 16 cm
Wachskreiden und Tusche

Aufgabe 7   Katze   1–2 Stunden/2. Klasse

Arbeitsbereich	Farbe
Ziel nach Lehrplan	Farbige Mittel erproben
Lernziele	- Malen auf Holzplatten mit Farbbeschränkung - Einteilen eines quadratischen Formats - Möglichkeiten erarbeiten, eine Katze darzustellen - Deckender Farbauftrag
Thema	**Katze**
Technik	**Wachskreiden auf ungewohntem Malgrund** (hier Spanplatten) Farbbeschränkung auf Schwarz, Weiß, Ocker, Grau (Katzenfarben), Hintergrund Blau bis Grün
Unterrichtsmittel	JAXON-Pastell-Ölkreiden (24 Stück), Spanplatten 20 x 20 cm, Zeitungspapier als Unterlage, eine lebende, liebe, zahme Katze zum Betrachten oder Bildmaterial
Stundenverlauf/ Sozialform	**Motivation** - Die Katze **Einführung in die Gestaltungsaufgabe** - Wir betrachten die Kopfform, die Nackenlinie, die Hinterbeine, den Schwanz (sehr beweglich), die Vorderbeine, den Bauch, … - Wir achten auf Formen und vergleichen: wie ein Quadrat, wie ein Dreieck, wie ein Oval, länger als …, doppelt so lang wie … - Wo sind Gelenke? Wie können wir den Schwanz malen (Ausnutzen des Formats)? - Wir betrachten die Katze von vorn, von der Seite, von hinten, beschreiben und vergleichen die Formen - Wir versuchen, die beobachtete Außenform der Katze auf die Tafel zu übertragen und in einen quadratischen Rahmen zu stellen - Wir berücksichtigen die Verbesserungsvorschläge der Mitschüler **Gestaltungsaufgabe** - In Einzelarbeit erarbeiten die Schüler eine Katze, möglichst das quadratische Format ausnutzend, mit den vorgesehenen Farben in dichtem Farbauftrag
Lernzielkontrolle	Lob. Es ist überall eine Katze erkennbar. Vergleich der Arbeiten: Format ausgefüllt? Katze gut in das quadratische Format eingespannt? Ist eine „unerlaubte" Farbe benutzt worden? Ist die Farbe dicht aufgetragen? Der Schwanz ist ein gutes Hilfsmittel, das Format gut zu nutzen. Welche besprochenen Grundformen können wir erkennen? Erfahrungen über den Malgrund?
Ergänzendes und Fächerübergreifendes	Grundkurs Drucktechniken (29.707), Aufgabe 14: Linolschnitt Grafische Techniken (29.708), Aufgabe 10: Collage Heimat- und Sachunterricht: Die Katze Musikunterricht: Lieder über Katzen, der „Katzentanz"

Katze, 20 x 20 cm, *Malen auf Holzplatten*

Arbeitsbereich	Farbe
Ziel nach Lehrplan	Farbige Mittel erproben
Lernziele	- **Wasserlösliche** Wachsfarben mit Wasser vermalen - Darstellen von Fischen und Schlingpflanzen
Thema	**Unter Wasser**
Technik	**Wachsfarben mit Wasser vermalen** Eine dichte Schicht **wasserlösliche** Wachskreide wird mit Wasser vermalt, die Farbe wird angelöst und die vorher scharfen Konturen verschwimmen, werden weich und fließend, was dem Thema entgegen-kommt.
Unterrichtsmittel	PELIKAN-Wachsfarben (10 Stück), **wasserlöslich,** Papier 21 x 21 cm: fest, weiß, Wassergläser mit Wasser, Haarpinsel, Zeitungspapier als Unterlage
Stundenverlauf/ Sozialform	**Motivation** - Betrachten eines Aquariums (vorher oder, wenn vorhanden, im Schulhaus) **Einführung in die Gestaltungsaufgabe** - Fischformen und Schlingpflanzen im Klassenverband beschreiben - Zeigen, dass es auch wasserlösliche Wachskreiden gibt - Probeversuche in Einzelarbeit **Gestaltungsaufgabe** - In Einzelarbeit Fische, Schlingpflanzen und Wasser malen, sodass kein Papier mehr sichtbar ist - Mit Wasser übermalen, Form für Form, sodass die Farben nicht verschmieren
Lernzielkontrolle	Im Halbkreis Vergleich der einzelnen Arbeiten Erfahrungsaustausch über die neue Technik Fischformen? Schlingpflanzen?
Ergänzendes und Fächerübergreifendes	Aufgabe 4 (Seite 12): Sgraffito Andere Themen: Zirkus oder Zoo, in größerem Format

Unter Wasser, 21 x 21 cm, *Vermalen mit Wasser*

Aufgabe 9   Ostereier   1 Unterrichtsstunde, 2. Klasse

Arbeitsbereich	Farbe
Ziel nach Lehrplan	Farbige Mittel erproben
Lernziele	- Technik der Wachsstift-Enkaustik - Streifen und Flächen auf nicht planer Ebene malen
Thema	**Ostereier**
Technik	**Enkaustik** Diese Technik wurde im 4. Jahrhundert v. Chr. entwickelt. Die mit Bienenwachs angereicherten Farbpigmente wurden hart oder flüssig aufgetragen und mit heißem Spachtel überarbeitet. Bekannt ist die Technik durch die herrlichen römischen Mumienporträts aus Ägypten. Bei dieser Aufgabe wird mit Wachskreide auf heiße Ostereier gemalt. Die Farbe schmilzt während des Auftragens, was ein tachistisches, schönes Gefühl beim Malen erwirkt. Ein Eierbecher hilft, weil die Eier zum Festhalten zu heiß sind. Ein Nachteil ist, dass die Farbe verschmiert, solange die Eier und damit die Farben heiß sind.
Unterrichtsmittel	JAXON-Pastell-Ölkreiden (24 Stück), Ostereier: frisch gekocht und noch heiß, Eierbecher zum Halten, Zeitungspapier als Unterlage, Abbildungen von Porträts in Enkaustik (z. B. aus „Meisterwerke der Kunst")
Stundenverlauf / Sozialform	**Motivation und Einführung in die Gestaltungsaufgabe** (im Klassenverband) - Motivation sind frische Ostereier und das bevorstehende Osterfest - Gemeinsames Betrachten der Mumienporträts, Beantworten von Fragen (**Zeit:** 4. Jahrhundert v. Chr. bis 4. Jahrhundert n. Chr., **Verwendung** als Grabschmuck und Beigabe, **Technik:** siehe oben, **Art der Malerei:** sehr echt und lebensnah wirkend, Haut, Augen, Grübchen etc., man meint, den lebenden Menschen vor sich zu sehen) **Gestaltungsaufgabe** (Einzelarbeit) - Anwenden der Technik auf Ostereiern, Schmelzen der Wachsstifte durch die Wärme der Eier - Die Schüler sollen Streifen und Flächen deckend auf das Ei malen, geordnet oder ungeordnet, zuerst auf die sichtbare Hälfte - Nach vorsichtigem Umdrehen folgt entsprechend die zweite Hälfte - Farbbeschränkungen sind möglich (z. B. nur warme Farben, nur kalte Farben, nur zwei Malstifte)
Lernzielkontrolle	Vergleich der Ostereier. Austausch der Erfahrungen über Enkaustik. Streifen? Flächen? Besondere Farbzusammenstellung?
Ergänzendes und Fächerübergreifendes	Weitere Techniken, Ostereier zu verzieren Grundkurs Deckfarben (29.704), Aufgabe 12: Mit Wasserfarben Muster auf Ostereiern verblasen

Ostereier, *Enkaustik*

Aufgabe 10 — Peter und der Wolf — 3 Stunden/4. Klasse

Arbeitsbereich	Farbe
Ziel nach Lehrplan	Beziehungsgefüge, experimentelle Technik
Lernziele	- Sgraffito-Technik kennenlernen (Wachskreide/Dispersionsfarbe, schwarz) - Bewusster Einsatz des Schabers - Erarbeiten verschiedener Strukturen
Thema	**Peter und der Wolf**
Technik	**Wachskreiden mit schwarzer Dispersionsfarbe** **Sgraffito-Technik** (siehe Aufgabe 4)
Unterrichtsmittel	JAXON-Pastell-Ölkreiden (24 Stück), **nicht wasserlöslich,** Dispersionsfarbe, schwarz, Schaber, Pinsel zum Auftragen der Dispersionsfarbe (Stärke 10 bis 20), Malpapier DIN A4: fest, weiß, Zeitungspapier als Unterlage, unempfindliche Kleidung (Dispersionsfarbe trocknet unlösbar an)
Stundenverlauf/ Sozialform	**Einführung in die Gestaltungsaufgabe** (im Klassenverband) - Die Geschichte „Peter und der Wolf" wiederholen, erzählen, die Situation spielen - Peter beschreiben (Hose, Pullover, Haare, Profil- oder Frontaldarstellung?) - Wolf beschreiben (Fellstruktur, langer Körper, langer Schwanz, Profil- oder Frontaldarstellung?) **Gestaltungsaufgabe 1. Teil:** Peter und Wolf in dickem Farbauftrag mit **nicht wasserlöslichen** Wachskreiden flächendeckend auftragen (es darf innerhalb der Figuren kein weißes Papier mehr sichtbar sein). Der Hintergrund soll weiß bleiben. **Gestaltungsaufgabe 2. Teil:** Gleichmäßig in senkrechten Pinselstrichen das ganze Format mit schwarzer Dispersionsfarbe überstreichen. Gut trocknen lassen (über Nacht). **Gestaltungsaufgabe 3. Teil:** Peter und Wolf in verschiedenen Strukturen, Kratzrichtungen, Strichbreiten aus dem schwarzen Blatt herausarbeiten. An den Stellen, an denen keine Wachskreide unter der schwarzen Schicht liegt, lässt sich nichts wegkratzen.
Lernzielkontrolle	Farbauftrag? Verschiedene Strukturen? Einsatz des Schabers? Haltung von Peter? Ist der Wolf gefährlich? Erfahrungsaustausch über die Technik, gibt es weitere Anwendungen?
Ergänzendes und Fächerübergreifendes	Grafische Techniken (29.708), Aufgabe 1: Muster, Aufgabe 2: Strukturen Musikunterricht: Sergej Prokofjew „Peter und der Wolf", Erarbeitung der darstellenden Instrumente Deutschunterricht und Bildende Kunst: Darstellung der Geschichte im Schattenspiel, mit Dosenpuppen, als Figurentheater

Peter und der Wolf, DIN A4
Sgraffito-Technik mit schwarzer Dispersionsfarbe

Arbeitsbereich	Farbe
Ziel nach Lehrplan	Farbige Mittel erproben
Lernziele	- Stegtechnik (Mischtechnik: Wachs- und Deckfarbe) - Deckfarben: Blautöne mischen
Thema	**Hochhäuser**
Technik	**Stegtechnik** Linien (Stege) und kleine Flächen werden mit weißer Wachskreide, **nicht wasserlöslich,** reserviert. Dann wird das Bild mit wässriger Deckfarbe in verschiedenen Blautönen gemalt. Auf den Wachsstegen und Wachsflächen bleibt die Farbe perlend stehen.
Unterrichtsmittel	DICKI-Wachsfarben, **nicht wasserlöslich,** nur weiße Stifte (man kann auch weiße Kerzenstummel nehmen), Zeichenblock DIN A3, Borstenpinsel, Nr. 10, Deckfarben ohne Deckweiß, Zeitungspapier als Unterlage
Stundenverlauf/ Sozialform	**Einführung in die Gestaltungsaufgabe** - Im Kreisgespräch Eigenschaften der Hochhäuser sammeln (hoch, kalt, blau, grau, gerade, leblos, viele Fenster, wenig schmückende Einzelheiten, gerade Linien) - Erklären der Stegtechnik - Probephase in Einzelarbeit **Gestaltungsaufgabe** - In Einzelarbeit viele Hochhäuser mit vielen Fenstern mit weißem Stift in Linien vorzeichnen, ab und zu ein Fenster weiß ausmalen, das Format füllen - Dann mit verdünnten Blautönen des Deckfarbenkastens die Flächen ausmalen, auf den Wachsstegen und Wachsflächen bleibt die Farbe perlend stehen
Lernzielkontrolle	Lob für viele Hochhäuser. Stege? Flächen? Viele Blautöne? Wirkung der Stegtechnik?
Ergänzendes und Fächerübergreifendes	Thema „Wiese" in Grüntönen Grundkurs Drucktechniken (29.707), Aufgabe 8: Kartondruck, Aufgabe 6: Schwammdruck Bildbetrachtung 1 (29.710), Aufgabe 5a und 5b: Bildbetrachtung und Schaumstoffdruck

Hochhäuser, DIN A3, *Stegtechnik: Wachskreiden und Deckfarben*

Arbeitsbereich	Grafik
Ziel nach Lehrplan	Ausprobieren grafischer Materialien
Lernziele	- Kennenlernen der Frottage - Einladungskarten für Feste - Merkmale eines Schattenrisses - Umrisslinien der kleinen Hexe
Thema	**Die kleine Hexe** als Einladung zum Geburtstag, Schulfest oder Schattentheater
Technik	**Frottage** (Durchreibetechnik) Von der ausgeschnittenen Vorlage aus Aktendeckelkarton werden gefühlvoll mit quer liegenden Wachskreiden die Kanten der kleinen Hexe und die erhabenen Teile auf das aufgelegte Kopierpapier gerieben. Eine Frottage kann einfarbig oder mehrfarbig sein. Die Figur kann mehrmals verschoben dargestellt werden oder zwei verschiedene Figuren stehen sich im Profil gegenüber. Auch eine Gemeinschaftsarbeit ist vorstellbar (Hexensabbat), oder eine Figur im Großformat als Plakat. Siehe auch Grundkurs Drucktechniken (29.707), Aufgabe 15, Frottage.
Unterrichtsmittel	DICKI-Wachsfarben, rote Stifte, Aktendeckelmaterial, Scheren, Bleistifte, Kopierpapier DIN A4, Zeitungspapier als Unterlage
Stundenverlauf/ Sozialform	**Einführung in die Gestaltungsaufgabe** - Motivation: Wir wollen für unser Schattenspiel (Die kleine Hexe) Einladungskarten herstellen **Vorzeigen der Technik** - Zuerst ein 10-Cent-Stück mit einem quer liegenden Wachskreidenstück „durchrubbeln". Das alte Kinderspiel! Dann einen Schattenriss (aus Aktendeckelkarton) durchreiben - Probephase für die Schüler - Erarbeiten der Merkmale eines Schattenrisses: stark vereinfachte Formen, Profildarstellung, keine oder wenig Binnendifferenzierung - Erarbeiten des Schattenrisses für die kleine Hexe: Profil, Nase, Kopftuch, Besen, Katze, langer Rock, Stiefel, Unterrock etc. **Gestaltungsaufgabe** - In Einzelarbeit entwerfen die Schüler die kleine Hexe (ungefähr Postkartengröße) im Profil mit dem Bleistift und schneiden sie aus - Frottage der Arbeiten auf DIN A5. Es kann auch mehrfarbig frottiert werden, oder mehrere Hexen auf einem Blatt oder auf einem großen Format ein richtiger Hexensabbat (als Plakat für das Schattenspiel)
Lernzielkontrolle	Lob für geduldiges „Durchrubbeln". Vergleich der Hexen. Besen? Katzen? Profil? An welchen Stellen ist die Hexe schlecht zu erkennen? Verbesserungsvorschlag? (Größere Lücken schneiden) Erfahrungsaustausch, weitere Anwendungen?
Ergänzendes und Fächerübergreifendes	Mit den ausgeschnittenen Hexenfiguren ein Schattentheater über dem Tageslichtprojektor oder im selbst gebauten Schattentheater aus Karton mit Taschenlampe erfinden und spielen. Ein Vorschlag für ein einfaches, kleines Schattentheater: siehe Seite 36

Die kleine Hexe, DIN A5, *Frottage und Schattentheater*

Arbeitsbereich	Farbe
Ziel nach Lehrplan	Farbige Mittel erproben/Enkaustik
Lernziele	- Arbeiten mit Wachskreiden auf angewärmten Kacheln
	- Einteilen des quadratischen Formats
	- Farbbeschränkung auf grüne Stifte und nur wenige andere Farben
Thema	**Drachen**
Technik	**Enkaustik** auf angewärmten Kacheln
Unterrichtsmittel	JAXON-Pastell-Ölkreiden (24 Stück), Kacheln 15 x 15 cm, matt, Zeitungspapier als Unterlage

Stundenverlauf/ Sozialform

Einführung in die Gestaltungsaufgabe
- Drachen: Fantasievolle Beschreibung der Form und der Einzelheiten (Schuppen, Kopf, Form des Körpers, Schwanz, Augen, Flügel, Beine, Krallen, …) in Klassenarbeit
- Versuch an der Tafel in einem quadratischen Kreiderahmen den länglichen Drachen unterzubringen (Figur-Grund-Problem). Man muss das Tier „irgendwie zusammenrollen"
- Erklären der Enkaustik (siehe Aufgabe 9)

Gestaltungsaufgabe
- In Einzelarbeit erarbeiten die Schüler mit der grünen Farbpalette einen Drachen auf quadratischer, angewärmter Kachel

Lernzielkontrolle

Lob. Kann man überall einen Drachen erkennen?
Ist es notwendig, alle vier Beine zu malen? (nein)
Einteilung? Verbesserungsvorschläge? Erfahrungsaustausch über die Technik. Grüne Farbpalette? Zusatzfarben?

Ergänzendes und Fächerübergreifendes

Aufgabe 9 (Seite 22): Ostereier, Enkaustik
Dreidimensionales Gestalten (29.709), Aufgabe 14: Kleistertechnik

Drachen, 15 x 15 cm, *Enkaustik auf Kacheln*

Arbeitsbereich	Körper, Farbe
Ziele nach Lehrplan	- Körper: Plastische Einzelfigur herstellen - Farbe: Farbige Mittel erproben
Lernziele	- Herstellen einer Laterne - Kennenlernen der Technik: **terpentinlösliche** Wachskreiden mit Terpentin vermalen - Papiere nach eigenen Ideen in Flecken, Streifen, mit Namen oder Ornamenten einfärben
Thema	**Laternen**
Technik	**Wachskreiden mit Terpentin** Eine dichte Schicht Wachskreide auf Pergamentpapier wird mit Terpentin und Pinsel aufgelöst. Statt der rauen Oberfläche entsteht eine glatte, wenn man will, zerfließende Schicht.
Unterrichtsmittel	Für hohe, schmale Laternen: JAXON-Pastell-Ölkreiden, **terpentinlöslich,** Pergamentpapier 25 x 35 cm (fest), Balsam-Terpentin, Haarpinsel, Zeitungspapier als Unterlage, Käseschachteln, klein, rund, Umfang ca. 35 cm (pro Schüler Deckel und Boden), Klebstoff, Blumendraht (pro Schüler ca. 25 cm), 1 Ahle zum Bohren der Löcher, Haushaltskerzen, Klebewachs zum Befestigen der Kerzen an der unteren Schachtel
Stundenverlauf/ Sozialform	**Einführung in die Gestaltungsaufgabe** - Motivation ist der bevorstehende Sankt-Martins-Umzug - Eine fertige Laterne wird betrachtet, die Entstehung rekonstruiert, die Technik erraten und besprochen - Erarbeiten der Möglichkeiten, das Papier zu bemalen (Streifen, längs und quer, Flächen, geordnet oder ungeordnet, Muster, Namenszüge, Motive wie Sterne, Monde etc.) **Gestaltungsaufgabe** - In Einzelarbeit dichtes Bemalen des Pergamentpapiers nach Motiven eigener Wahl in beliebiger Farbigkeit - Übermalen der Formen mit Balsam-Terpentin - Während des Trocknens der Blätter die Käseschachteln vorbereiten (Befestigen der Kerze mit Klebewachs in der Mitte des unteren Schachtelteils. Für den oberen Teil wird der Boden aus der Schachtel gedrückt oder ausgeschnitten) - Vorsichtiges Ankleben des Pergamentpapiers am äußeren Rand der Käseschachteln - Befestigen des Drahts an zwei mit der Ahle vorbereiteten Löchern (Nachteil der orginellen Form ist das etwas schwierige Anzünden der Kerzen)
Lernzielkontrolle	Leuchten die Laternen? Vergleich der gefundenen Möglichkeiten. Gut geklebt? Erfahrungsaustausch über die neue Technik
Ergänzendes und Fächerübergreifendes	Musikunterricht: Laternenlieder – Laternenumzug – Laternentanz

Laternen, 25 x 35 cm
Vermalen mit Terpentin

Arbeitsbereich	Farbe
Ziel nach Lehrplan	Farbige Mittel erproben
Lernziele	- Stoffdruck mit **terpentinlöslichen** Wachskreiden und Terpentin - Glückwunschkarte auf Seide
Thema	**Glückwunschkarte**
Technik	**Wachskreidendruck** Auf grobkörniges Schleifpapier wird dick und sehr intensiv das Motiv aufgemalt. Das in Terpentin getränkte Stückchen Seide wird vorsichtig aufgelegt und sacht mit dem Finger abgerieben. Nach dem Abheben und Trocknen auf Zeitungspapier wird der Druck auf BLANKI-Karten aufgeklebt. Achtung: Der Druck ist seitenverkehrt. Es sind mindestens 10 Drucke möglich. Mit zwischengeschaltetem Nachmalen des Druckstocks ist die Druckauflage praktisch unbegrenzt.
Unterrichtsmittel	JAXON-Pastell-Ölkreiden, **terpentinlöslich,** Balsam-Terpentin, Seide oder anderes, sehr feines Stoffmaterial, ca. 10 x 14 cm pro Karte, Schleifpapier (Körnung P60), BLANKI-Karten mit verschiedenen farbigen Rändern, Tapetenkleister, Zeitungspapier als Unterlage
Stundenverlauf/ Sozialform	**Einführung in die Gestaltungsaufgabe** - Betrachten einer fertigen Karte - Erarbeiten der Technik **Gestaltungsaufgabe** - Auf das Schleifpapier das Blumenmotiv dick und intensiv mit Wachskreiden aufmalen - Ganz mit Terpentin befeuchtete Stoffstücke (so groß wie der Druckstock aus Schleifpapier) auflegen, sanft abreiben, abheben, auf Zeitungspapier zum Trocknen legen (in Partnerarbeit: ein Partner achtet immer auf saubere Finger) - Nach dem Trocknen vorsichtig mit sehr dünnem Tapetenkleister auf farblich passende BLANKI-Karten kleben
Lernzielkontrolle	Würden wir uns über solche Glückwunschkarten freuen? Erfahrungsaustausch über die Technik. Vergleich der Blumenmotive. Anordnung der Blüten und Blätter. Farbwahl für die Blüten und Blätter. Farbwahl der Karte. Sauber geschnitten? Sauber geklebt?
Ergänzendes und Fächerübergreifendes	Aufgabe 6 (Seite 16): Wachskreiden und Tusche Grundkurs Drucktechniken (29.707), Aufgabe 15: Linoldruck, Aufgabe 14: Polyblock-Druck

Glückwunschkarte, 10 x 14 cm
Wachskreidendruck mit Terpentin

Kleines Schattentheater (zu Aufgabe 12)

Aus einer Schachtel, ca. 30 x 20 x 5 cm (Lebens-mittelverpackung) wird der Deckel (der geöffnete Teil) entfernt und aus den beiden großflächigen Seiten je ein Rechteck so ausgeschnitten, dass jeweils ein Rahmen entsteht.

Eine Seite wird mit Pergamentpapier hinterklebt, die andere Seite bleibt offen, damit der Lichtstrahl der Lampe die Spielfläche erreicht.
Die schmalen Seitenteile werden in der Mitte auseinandergetrennt und etwas auseinandergebogen, dabei wird der Boden in der Mitte geknickt, siehe Skizze. So kann das Theater stehen.

Mit einer Taschenlampe als Lichtquelle und den Figuren aus Aufgabe 12 lassen sich einfache Stücke spielen.

Unterrichtsmittel
Teile einer Schachtel
Pergamentpapier
Bleistifte und Scheren
Klebstoff
Taschenlampe
Figuren zum Spielen